Ernst Probst

Liv Ullmann - Die große norwegische Schauspielerin

Ernst Probst

Liv Ullmann - Die große norwegische Schauspielerin

GRIN Verlag

1. Auflage 2012
Copyright © 2012 GRIN Verlag GmbH
http://www.grin.com
Druck und Bindung: Books on Demand GmbH, Norderstedt Germany
ISBN 978-3-656-20768-9

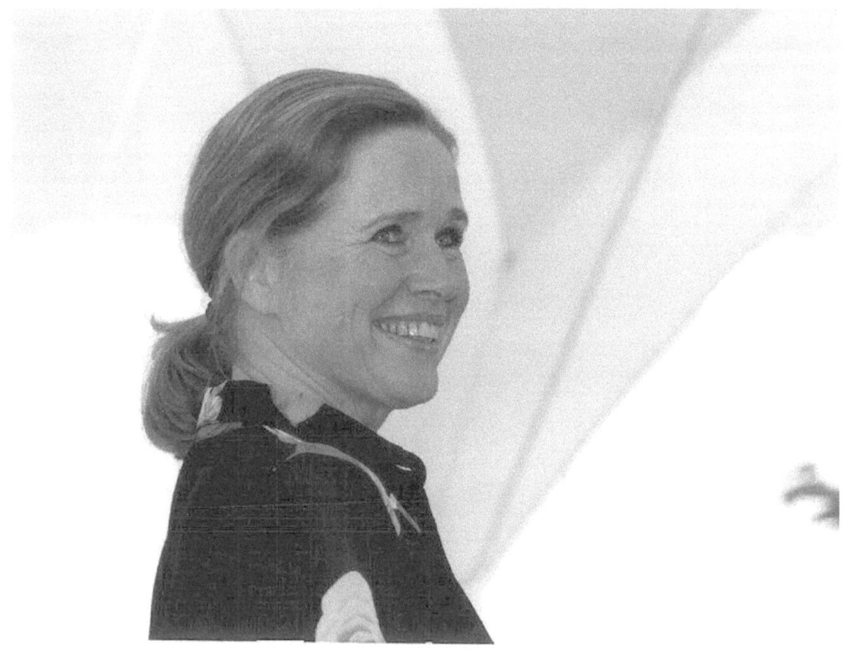

Liv Ullmann

Ernst Probst

Liv Ullmann

Die große
norwegische Schauspielerin

Marianne Werner,
Otto Werner,
Dr. Jochen Werner,
Sonja Werner,
Steffen Werner und
Christine Werner
gewidmet

Liv Ullmann

Die große norwegische Schauspielerin

Norwegens bedeutendste Filmschauspielerin ist die Künstlerin Liv Ullmann. Ihre größten Erfolge auf der Kinoleinwand feierte sie in neun Filmen des schwedischen Regisseurs Ingmar Bergman. Ab Beginn der 1980-er Jahre engagierte sie sich immer mehr für den Frieden und für die Not leidenden Kinder in aller Welt.

Liv Johanne Ullmann wurde am 16. Dezember 1938 als Tochter des norwegischen Luftfahrt-Ingenieurs Erik Viggo Ullmann (1907–1945) in Tokio geboren, als ihr Vater in Japan arbeitete. Zwei Jahre später zog sie mit ihren Eltern nach Kanada. Dort arbeitete der Vater während des Zweiten Weltkrieges auf der norwegischen „Air Force Basis" auf Toronto Island. 1943 erlitt er einen folgenschweren Unfall. Am 15. Juni 1945 starb der Vater in New York City an einem Gehirntumor.

1946 zog Livs Mutter Janna Erbe Ullmann (1910–2011), geborene Lund, mit ihren Töchtern Janna (geboren 1936) und Liv in die Gegend von Trondheim in Norwegen. Liv besuchte in der Nähe von Trondheim die Schule. Zum Entsetzen ihrer religiösen und sehr auf Anstand bedachten Mutter brach sie das Gymnasium vorzeitig ab, um Schauspielunterricht nehmen zu können. 1956 bewarb sich Liv um einen Ausbildungsplatz an der „Nationalen Theaterschule" in Oslo, wurde aber nicht angenommen. 1957 nahm sie acht Monate lang Unterricht in der Londoner Schauspielschule „Webber-Douglas Academy".

Ebenfalls 1957 feierte Liv Ullmann am Theater in Stavanger mit der Titelrolle des Stücks „Das Tagebuch der Anne Frank" ihr Debüt auf der Bühne. Sie arbeitete bis 1959 am Theater in Stavanger, danach am Nationaltheater und am „Norwegischen Staatstheater" in Oslo.

Ab 1959 wirkte Liv Ullmann in norwegischen Filmen mit. Zu ihren ersten Streifen gehörten „Fjols til fjells" (1957), „Frühehe" (1959), „Ung flukt" („Junge Flucht", 1959), „Nachtbrot" (1960), „Aller Nächte Sehnsucht" (1962) und „Pan" (1965). Im Liebesdrama „Junge Flucht" sorgte die 1,73 Meter große blonde Actrice wegen einer Nacktszene, in der man sie kurz im Hintergrund durchs Bild huschen sah, für Aufsehen.

1960 heiratete Liv Ullmann den norwegischen Psychiater Dr. Hans Jacob Stang. Nach Angaben von Ketil Bjornstad, dem Biografien von Liv, litt die Ehe durch Untreue auf beiden Seiten. 1966 erfolgte die Scheidung.

Den Durchbruch als Schauspielerin schaffte Liv Ullmann mit ihrer Hauptrolle in dem Film „Persona" (1966) des schwedischen Regisseurs Ingmar Bergman (1918–2007). Darin spielte Liv neben Bibi Andersson eine Schauspielerin namens Elisabeth Vogler, die auf unerklärliche Weise verstummt ist. Erst als ihre Betreuerin ihr kochendes Wasser ins Gesicht schütten wollte, riss Elisabeth die Arme hoch und schrie: „Nein!" Liv Ullmann wurde ein Zeitlang der Lieblingsstar und die Lebensgefährtin von Ingmar Bergman. Der Sohn eines lutherischen Pastors war vorher schon viermal verheiratet gewesen. Nämlich von 1943 bis 1945 mit Else Fisher, von 1945 bis 1950 mit Ellen Lundström, von 1951 bis 1952 mit Gun Grut und von 1959 bis 1965 mit der Konzertpianistin Käbi Laretei. Ingmar hatte bis dahin mit vier Ehefrauen und einer Geliebten insgesamt acht Kinder gezeugt: Lena (1943), Eva (1945), Jan (1946), die Zwillinge Anna und Mats (1948), Ingmar (1951), Maria (1959) und Daniel (1962). Aus der Verbindung von Liv Ullmann und Ingmar Bergman ging am 9. August 1966 in Oslo die Tochter Karin Beate hervor, die sich später als Schriftstellerin Linn Ullmann einen Namen machte. Linn war das neunte Kind von Bergman. Zusammen mit Bergman drehte Liv die Filme „Vargtimmen" („Die Stunde des Wolfs", 1968), „Skammen" („Schande", 1968) und „En Passion" (1969). In „Vargtimmen", dem einzigen Horrorfilm von Bergman, sah man auch seine Tochter Linn, die während ihrer Kinderzeit in einigen Filmen mitwirkte.

„Er war für mich Gott. Ich bewunderte ihn und ängstigte mich zugleich zu Tode vor ihm", sagte Liv Ullmann über Ingmar Bergman. Von dem unter Schauspielern

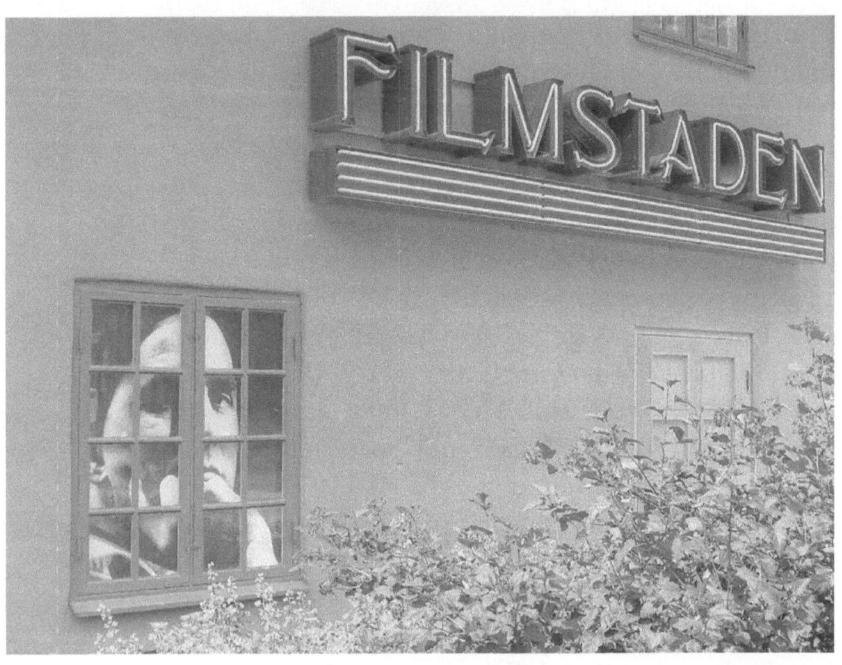

Nahezu alle Filme von Ingmar Bergman (1918–2007)
aus den 1950-er und 1960-er Jahren
wurden in den Filmstudios „Filmstaden" („Die Filmstadt")
in Solna außerhalb von Stockholm gedreht
und von der schwedischen Filmgesellschaft
„Svensk Filmindustri" produziert.

gefürchteten tyrannischen Regisseur lernte sie, mit wenigen Worten und Gesten, dafür aber mit ihrem Gesicht alles auszudrücken – Trauer, Verzweiflung, Glück und Einsamkeit. Ihr variationsreiches Mienenspiel wurde von Bergman in Großaufnahmen festgehalten.
Liv Ullmann und Ingmar Bergman blieben von 1965 bis 1970 fünf Jahre lang zusammen. Sie lebten in einem Haus auf der Ostseeinsel Farö, wo Liv ihre Sicherheit darin fand, so zu leben, wie Ingmar es wollte. Offenbar hatten beide unterschiedliche Vorstellungen von ihrer Ehe: Liv suchte die absolute Geborgenheit, Ingmar die Mutter. Liv litt unter der Egozentrik, der maßlosen Eifersucht und den gelegentlichen Wutausbrüchen von Ingmar. Einmal schloss sie sich aus Angst vor Ingmar im Badezimmer ein. Draußen stand Ingmar und trat gegen die Badezimmertür, bis sein Fuß durch die Tür krachte und sein Hausschuh in die Toilette geschleudert wurde. Ihre große Liebe endete, als Liv von Ingmar verlassen wurde, was sie angeblich nie richtig wahrhaben wollte.
Als sich Liv Ullman nach ihrer Trennung „leergeweint" hatte, begriff sie, dass es unmöglich sei, so zu leben, als könnte sie nur durch einen anderen Menschen ihre Erfüllung finden. Erst als alles vorbei war, wurden Liv und Ingmar wahre Freunde und arbeiteten weiterhin in Filmen zusammen.
Nach der Trennung von Ingmar Bergman lebte Liv Ullmann allein. Bald spürte sie den Druck, den die

Gesellschaft auf alleinstehende Frauen ausübte. Wenn sie allein in ein Restaurant ging, genierte sie sich und verkroch sich mit einem Buch in eine Ecke. Weil sie aus beruflichen Gründen ihre Tochter Linn oft allein lassen musste, plagte sie ein schlechtes Gewissen. Denn sie hatte ein Leben lang in Büchern gelesen, dass eine Frau zu Hause bei ihrem Kind bleiben sollte.

Ingmar Bergman heiratete 1971 zum fünften Mal. Ehefrau Nummer 5 war die Gräfin Ingrid von Rosen, mit der er bereits 1959 außerehelich die Tochter Maria gezeugt hatte. Er gehörte zu den nordischen Künstlern, welche die Institution Ehe eher pessimistisch betrachteten.

Zu Beginn der 1970-er Jahre wirkte Liv Ullmann in amerikanischen Filmen mit, so in „The Night Visitor" („Der unheimliche Besucher", 1970) und „Lost Horizon" („Der verlorene Horizont", 1973). Außerdem sah man sie in dem TV-Zweiteiler „Utvandrarna" („Emigranten", 1971) und „Nybyggarna" („Das neue Land", 1972) sowie in dem britischen Streifen „Pope Joan" („Papst Johanna", 1971).

In Hollywood fielen ihr beim Filmen und auf Partys „die Falschheit, das Frivole dieses Lebens dort" sowie Erfolgs- und Konkurrenz-Stress auf. Aber sie begegnete auch „Freundlichkeit und Großzügigkeit" und wurde „wie eine Prinzessin verwöhnt".

Weitere internationale Erfolge feierte Liv Ullmann mit den Bergman-Filmen „Viskningar" („Schreie und

Flüstern", 1972), „Scener ur ett äktenskap" („Szenen einer Ehe", 1973), „Ansikte mot ansikte" („Von Angesicht zu Angesicht", 1976), „The Serpent's Egg" („Das Schlangenei", 1977) und „Höstsonaten" („Herbstsonate", 1978).

In „Schreie und Flüstern" ging es um drei Schwestern, von denen diejenige namens Agnes unheilbar an Krebs litt und an deren Sterbebett sich alle trafen. Eine der schockierendsten Szenen zeigte, wie sich die Schwester Karin im Bett eine Glasscherbe in die Scheide steckte, mit Blut ihren Mund bemalte und dann die Beine vor ihrem Ehemann ausbreitete. Liv Ullmann spielte die Schwester Maria, deren Ehemann versuchte, Hand an sich zu legen und mit einem Messer im Leib um Hilfe schrie. Liv hatte in diesem düsteren Film eine Doppelrolle: Sie mimte die Schwester Maria und deren Mutter.

Mit „Szenen einer Ehe" reihte sich Ingmar Bergman in die Reihe jener Regisseure ein, die ihre Privat- und Eheprobleme mit wenig Handlung und viel Dialog in Spielfilmen darstellten. Darin wird halbdokumentarisch die Krise einer scheinbar harmonischen Ehe aufgezeichnet. Liv Ullmann mimte die Ehefrau Marianne, Erland Josephson den Ehemann Johan. Die Beiden wurden anfangs als ideales Ehepaar in einer Zeitschrift vorgestellt, doch dann zerbrach die vordergründige Harmonie. Das Hamburger Nachrichten-Magazin „Der Spiegel" urteilte hierüber: „Der Erfolg dieses Werkes,

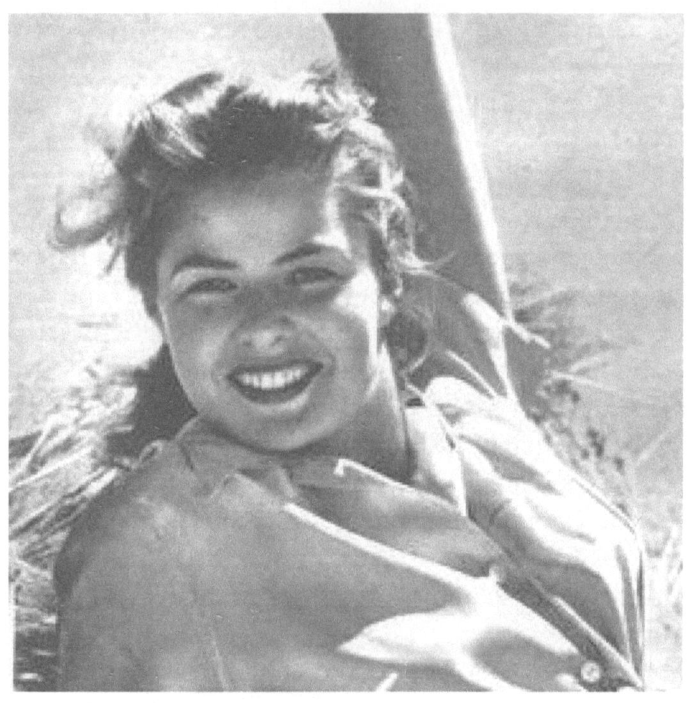

Ingrid Bergman (1915–1982)
in jungen Jahren

das alles andere als spektakuläres Kino bietet und im Grunde ein reiner Redefilm ist, beweist, wie groß zumindest beim bürgerlichen Publikum das Interesse ist, individuelle Konflikte in persönlicher, intimer Form dargestellt zu sehen. Dieses Publikum nimmt zweieinhalb Stunden lang in Kauf, daß auf der Leinwand fast ausschließlich Großaufnahmen erscheinen und die Handlung hauptsächlich vom Dialog getragen wird".
In „Herbstsonate" unter der Regie von Ingmar Bergman lieferte sich Liv Ullmann mit der 63-jährigen Ingrid Bergman (1915–1982), die mit Ingmar nicht verwandt ist, einen Schlagabtausch. Dieser gilt – laut „Frankfurter Allgemeine Zeitung" – als eines der aufregendsten Schauspielerduelle der neueren Filmgeschichte.
Weniger erfolgreich waren die Hollywood-Filme von Liv Ullmann wie „Lost Horizon" („Der verlorene Horizont", 1971), „40 Carats" („Vierzig Karat", 1972) und das Kriegsdrama „The Bridge Too Far" („Die Brücke von Arnheim", 1977) . Woody Allen soll einmal gesagt haben, wenn er sein Leben noch einmal leben könne, würde er alles genau so machen mit einer Ausnahme. Er würde sich nicht noch einmal Liv Ullman in „Lost Horizon" ansehen.
Das US-Nachrichtenmagazin „Time" schwärmte einst über Liv Ullmann: „Liv, das heißt norwegisch Leben. Und dieses Wort passt zu dem Gesicht. In den Augen die Tiefe der kristallklaren Fjorde und die unendliche Weite der Wälder. Unschuld und Sex in einem." Der

Filmproduzent Mike Frankowvich bescheinigte ihr die gleiche Verletzlichkeit im Ausdruck wie Ingrid Bergman. Manche Kritiker verglichen sie mit der Garbo, obwohl diese stets nur Selbstdarstellerin war, während die Ullmann wie ein Chamäleon in ihre Rollen schlüpfte.

Liv Ullmann selbst gestand einmal, sie genieße es, ein Star zu sein, im Mittelpunkt zu stehen, in feudalen Hotels zu wohnen und im Luxus zu schwimmen. Doch nach solch einem Tag schließe sie die Tür ab, schaue in den Spiegel und sage sich: „Denk' dran, Liv, du bist nichts anderes als Liv Ullmann, eine gewöhnliche Schauspielerin, einfach nur eine Frau, die ein wenig mehr Glück gehabt hat als andere."

Im Februar 1980 beteiligte sich die norwegische Schauspielerin zusammen mit der amerikanischen Sängerin Joan Baez an einem Friedensmarsch an die thailändisch-kambodschanische Grenze. Ab August 1980 wurde sie als Nachfolgerin von Danny Kaye (1913–1987) und Peter Ustinov (1921–2004) Sonderbotschafterin des „Weltkinderhilfswerkes der Vereinten Nationen" („United Nations Children's Emergency Fund", „UNICEF").

Die 16-jährige Tochter Linn von Liv Ullmann und Ingmar Bergman wurde 1982 in New York City, wo sie damals zur Schule ging, als Fotomodell entdeckt. Eine US-Agentur gab ihr für zwei Jahre einen Vertrag, der ihr pro Einsatz eine Tagesgage von umgerechnet etwa 3.000 Mark garantierte. Von 1984 bis 1990 studierte Linn englische Literatur an der „New York University", 1988 graduierte sie und begann mit ihrer Promotion. 1989 heiratete sie den norwegischen Lyriker, Bühnenautor und Romancier Niels Fredrik Dahl.

Auch in den 1980-er Jahren trat Liv Ullmann immer wieder im Theater, im Kino oder im Fernsehen auf. Man sah sie unter anderem in den Filmen „Gaby A True story" („Gaby – eine wahre Geschichte", 1986), „Mosca addio" („Farewell Moskau", 1987), „La Amiga" („Die Freundin", 1987) und in dem Fernsehfilm „The Rose Garden" („Der Rosengarten", 1989). Letzteres Holocaust-Drama basierte auf einer wahren Begebenheit über die Erhängung von 20 jüdischen Kindern nach medizinischen Experimenten in einer Hamburger Schule wenige Tage vor Kriegsende. Als Regisseurin arbeitete sie erstmals in dem Film „Love" (1981), in dem sieben von Frauen geschriebene Liebesgeschichten geschildert wurden. Weitere Regiearbeiten folgten mit „Look at Liv" (1982) und „Sofie" (1992).

Die Schauspielerin Liv Ullmann und der Naturforscher Thor Heyerdahl (1914–2002) waren 1991 die Stars einer Kampagne, die den Norwegern mehr Selbstbewusstsein einflößen sollte. Man sah die Beiden in ganzseitigen Anzeigen und in Fernsehspots, die von der Werbeindustrie kostenlos geschaltet und gesendet wurden. Liv erklärte: „Hätten die Norweger ein weniger leichtes Leben, wären sie produktiver". Heyerdahl meinte: „Mit positivem Denken kannst du den Atlantik auf einem Heuhaufen überqueren". In anderen Anzeigen der

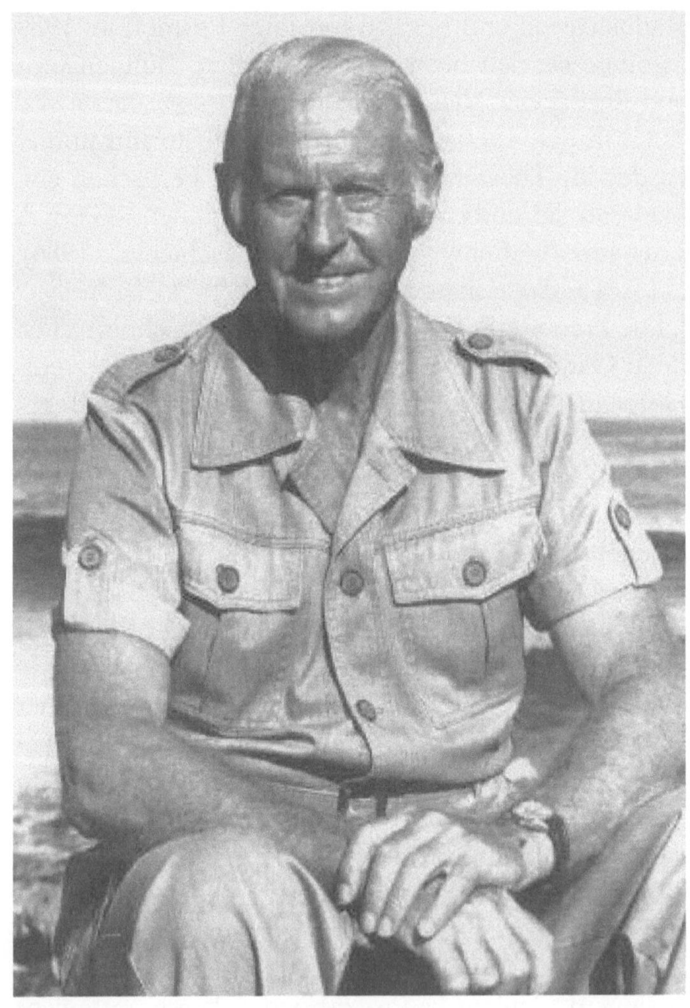

Thor Heyerdahl (1914–2002)

siebenteiligen Serie wurden die Norweger ermuntert, auf die angeblich landesübliche Nörgelei zu verzichten. Auslöser der Sei-Positiv-Kampagne war eine Umfrage in Norwegen, derzufolge 80 Prozent der Interviewten meinten, die Norweger seien äußerst misstrauisch gegenüber Leuten, die etwas Neues unternehmen.

1992 kehrte Livs Tochter Linn aus den USA nach Norwegen zurück. Sie arbeitete einige Jahre als Radioreporterin und Mitherausgeberin des Literaturmagazins „VAGANT" und schrieb Literaturkritiken und Kolumnen für die norwegische Tagszeitung „Dagbladet". In den 1990-er Jahren war sie Mitautorin von zwei Büchern über Sozialkunde für den Unterricht in der Grundschule. 1997 gab sie eine Anthologie norwegischer Gegenwartsliteratur mit dem Titel „Men jeg bor her enna" („Aber ich wohne noch hier") heraus. 1998 veröffentlichte sie das Buch „Yrke regissor" („Beruf: Regisseur") über das Leben und die Filme des norwegischen Regisseurs Arne Skouen (1913–2003).

Ein Riesenerfolg wurde das monumentale Mittelalter-Epos „Kristin Lavransdatter" („Kristin Lavrans Tochter", 1995) unter der Regie von Liv Ullmann, das auf einem Buch der norwegischen Nobelpreisträgerin Sigrid Undset (1882–1949) basierte. Dabei handelte es sich um den aufwändigsten und teuersten Film, der bis dahin in Norwegen gedreht wurde. Die Handlung spielte im 13. Jahrhundert. Kristin Lavransdatter soll auf Wunsch ihres Vaters den Sohn eines anderen Landbesitzers

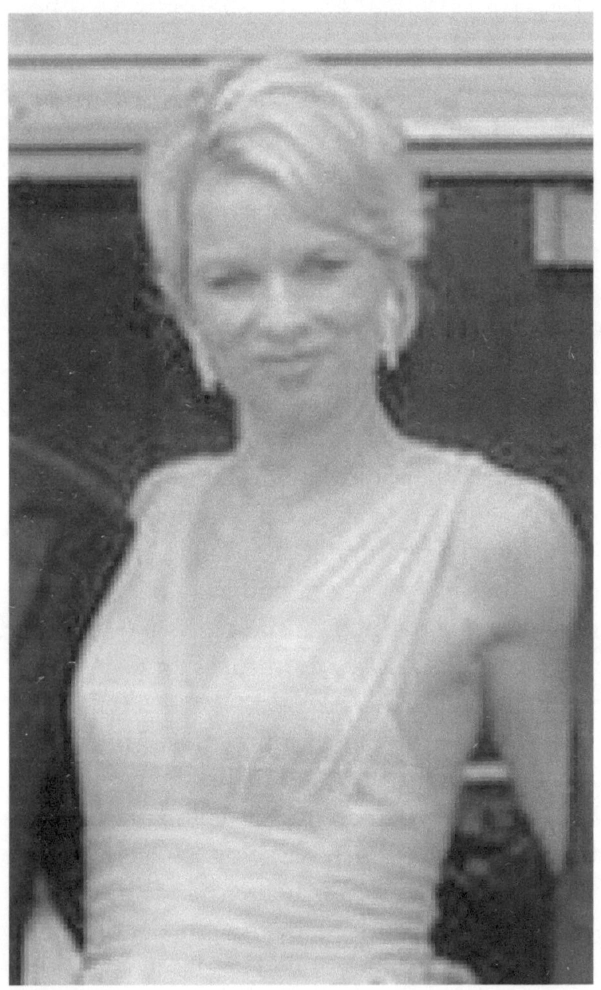

Linn Ullmann im Jahre 2011

heiraten. Bis zur Hochzeit sucht sie Zuflucht in einen Kloster. Doch dort begegnet sie dem Ritter Erlend Nikulaussonn und beide verlieben sich. Dies bleibt nicht geheim und es gibt einen Skandal mit politischen Folgen. 1998 machte Livs Tochter Linn als Literatin von sich reden. Damals veröffentlichte sie ihren ersten Roman „For du sovner". 1999 folgte die deutsche Übersetzung durch Gabriele Haefs unter dem Titel „Die Lügnerin". Linn war schon an Struktur, Stil und Komposition von Romanen interessiert gewesen, als sie noch an der „New York City University" Literatur studierte. Das war auch später noch der Fall, als sie als Literaturkritikerin und Kolumnistin für die Osloer Zeitung „Dagbladet" arbeitete. Vor ihrem ersten Roman hatte Linn einige Kurzgeschichten geschrieben. Ihr Verleger fand diese Kurzgeschichten als sehr interessant, riet Linn aber, sie wegzuwerfen, bis auf eine, die von einer Hochzeit handelte. Von dieser wiederum blieb nur das Motiv des Romans „Die Lügnerin". Eines Tages nahm sich Linn ein Jahr frei von ihrem Redakteursjob und begann zu schreiben. Sie arbeitete immer dann an ihrem Buch, wenn sie ihren Sohn Halfdan aus ihrer ersten gescheiterten Ehe in die Schule gebracht hatte. Sobald der Sohn mittags nach Hause kam, wurde die Schriftstellerin wieder Mutter. In diesem Roman wird das Leben der Familie Blom geschildert, deren Mitglieder sich tapfer gegen ihr Unglück wehren. Das Hamburger Nachrichten-Magazin „Der Spiegel" bezeichnete das Werk

„Die Lügnerin" als turbulente, raffiniert konstruierte Familiensaga. Bereits mit diesem Erstlingsroman gelang Linn der Durchbruch als Literatin. Weitere erfolgreiche Romane folgten: „Wenn ich bei Dir bin" (2001), „Gnade" (2004) und „Ein gesegnetes Kind" (2006). Sie ist davon überzeugt, dass ein Roman zu 99 Prozent aus Disziplin und nur zu einem Prozent aus Inspiration besteht.

Linn lebt heute mit ihrem zweiten Ehemann Niels Fredrik Dahl in Oslo. Das Ehepaar hat vier Kinder aus verschiedenen Verbindungen. Linn brachte ihren Sohn Halfdan aus ihrer ersten Ehe mit, Niels seine Kinder Kasper und Dagny aus seiner ersten Ehe. Die Tochter Hanna ist ihr gemeinsames Kind.

Beim 54. Filmfestival in Cannes (Südfrankreich) vom 9. bis zum 20. Mai 2001 agierte die 62-jährige Liv Ullmann nach der Absage von Jodie Foster, die als Ersatz in einem Film einsprang, als Vorsitzende der Jury. Liv erklärte, sie fühle sich geehrt und freue sich, das zu tun, was sie am liebsten mache: Filme anschauen.

Im Familiendrama „Sarabande" (2003) unter der Regie von Ingmar Bergman verkörperte Liv Ullmann eine Frau, die nach 30 Jahren ihren geschiedenen Ehemann wieder besuchte. Dabei blickten beide nicht nur auf die Scherben ihrer Lebens, sondern mussten sich auch mit der kranken Liebe ihres von Todesfantasien geplagten Sohnes zu seiner 19-jährigen Tochter auseinandersetzen.

Als Großmutter sah man Liv Ullmann in dem norwegischen Jugenddrama „I et speil gate" („Durch einen Spiegel, in einem dunklen Wort", 2008).
Nach längerer Filmpause wirkte Liv Ullmann in dem Familien-Thriller „Zwei Leben" (2012) mit. Darin spielt sie eine Norwegerin, die im Zweiten Weltkrieg von einem deutschen Besatzungssoldaten ein Kind bekommt, das ihr die Nationalsozialisten für „Rassezucht" wegnehmen. Das Mädchen wächst nach Kriegsende in einem „DDR"-Kinderheim auf. Mit 25 übersiedelt die von Juliane Köhler dargestellte Deutsche nach Bergen in Norwegen. Dort findet sie die Liebe ihres Lebens und gründet mit einer falschen Identität eine Familie. Doch nach dem Mauerfall wird sie von ihrer Vergangenheit als „Stasi"-Mitarbeiterin eingeholt.
Liv Ullmann erhielt zahlreiche Auszeichnungen. Die „Amerikanische Kritiker-Gesellschaft" wählte sie 1969, 1970 und 1974 zur „besten Schauspielerin des Jahres". 1973, 1974 und 1977 verlieh man ihr den „New York Film Critics Award". 1979 bekam sie den „David-de-Donatello-Preis". 1987 wurde ihr die Ehrendoktorwürde der Universität Haifa (Israel) zugesprochen.
Auch als Schriftstellerin hatte Liv Ullmann großen Erfolg: 1976 erschienen ihre Memoiren unter dem Titel „Wandlungen". Eine weitere Autobiografie folgte 1985 unter dem Titel „Choices" („Gezeiten"). Von ihrem schriftstellerischen Talent zeugen auch etliche Aphorismen aus ihrer Feder. Bekannt ist ihr Zitat: „Ich verstehe

nicht, warum so viele Frauen darunter leiden, dass sie schon wieder ein Jahr älter geworden sind. Nicht mehr ein Jahr älter zu werden, das wäre eine Katastrophe".

Im Alter von 40 Jahren schloss Liv Ullmann 1985 ihre zweite Ehe mit dem amerikanischen Immobilienhändler Donald Richard Saunders. Über ihn sagte sie, er sei ein Mann, der zuhören könne. 1988 erschien ihr Buch „Brief an mein Enkelkind". Hierfür hatte sie 25 weitere prominente Zeitgenossen gebeten, persönliche Erfahrungen und Werte, die ihnen am Herzen liegen, an real existierende Enkelkinder weiterzugeben.

1995 wurde die zweite Ehe von Liv Ullmann mit Donald Richard Saunders geschieden. Am 14. August 1996 starb ihre Mutter Janna im Alter von 86 Jahren.

2002 stellten Ärzte bei Liv Ullmann einen Hirnschlag und ein lebensbedrohliches Loch in einer Herzkammer fest. Deswegen unterzog sie sich einer Operation, die erfolgreich verlief.

Grund zur Freude hatte Liv Ullmann im Dezember 2004. Damals erhielt sie den „Europäischen Filmpreis" für ihren „herausragenden Beitrag zum Weltkino".

In der Biografie „Livslinjer" (2005) in norwegischer Sprache fasste der Pianist und Autor Ketil Bjornstad seine Gespräche zusammen, die er mit Liv Ullmann über deren Leben geführt hatte. Eine Übersetzung in deutscher Sprache erschien unter dem Titel „Lebenswege" (2006).

Im August 2007 nahm Liv Ullmann auf dem Friedhof der Ostseeinsel Farö an der schlichten Trauerfeier für ihren ehemaligen Lebensgefährten Ingmar Bergman teil. Dieser war am 30. Juli 2007 im Alter von 89 Jahren in seinem Haus auf Farö, das er seit 1965 bewohnte, „friedlich eingeschlafen"..
Anlässlich des 70. Geburtstages von Liv Ullmann am 16. Dezember 2008 erschienen zahlreiche Gedenkartikel in Zeitungen, Zeitschriften und im Internet. Die „Neue Zürcher Zeitung" schrieb über sie: „Liv Ullmann ist die perfekte Muse, wie sie der Olymp geschickt haben könnte, eine schillernde Projektionsfigur für mächtige Männer mit Schöpfungswut. Allerdings auch eine gefährliche. Denn die rotblonde Schöne kennt die Männer besser, als es ihnen lieb sein kann".

Filme von Liv Ullmann

(Auswahl)

1957: Fjols til fjells
1959: Junge Flucht (Ung flukt)
1962: Tonny
1962: Aller Nächte Sehnsucht (Kort är sommaren)
1965: De kalte ham Skarven (The call him Skarven)
1966: Persona
1968: Die Stunde des Wolfs (Vargtimmen)
1968: Schande (Skammen)
1969: Ich heiße An-Magritt (An-Magritt)
1969: Passion (En Passion)
1970: Kalter Schweiß (De la part des copains)
1970: Der unheimliche Besucher (The Night Visitor)
1971: Emigranten (Utvandrarna)
1972: Das neue Land (Nybyggarna)
1972: Papst Johanna (Pope Joan)
1972: Schreie und Flüstern (Viskningar och rop)
1973: Der verlorene Horizont (Lost Horizon)
1973: Szenen einer Ehe (Scener ur ett äktenskap)
1973: Vierzig Karat (40 Carats)
1974: Zandy's Braut (Zandy's bride)

1974: Christina – Zwische Thron und Liebe (The Abdication)
1975: Eléonore (Leonor)
1976: Von Angesicht zu Angesicht (Ansikte mot ansikte)
1977: Die Brücke von Arnheim (The Bridge Too Far)
1977: Das Schlangenei (The serpent's egg)
1978: Herbstsonate (Höstsonaten)
1980: Richards Erbe (Richard's Things)
1984: Gefährliche Züge (La diagonale du fou)
1984: Die Wildente (The Wild Duck)
1984: Das nächste Opfer (The Bay Boy)
1986: Hoffen wir, daß es ein Mädchen wird (Speriamo che si femmina)
1987: Farewell Moskau (Mosca addio)
1987: Gaby – eine wahre Geschichte (Gaby: A True Story)
1988: Amiga – Die Freundin (L'amiga)
1989: Der Rosengarten (The Rose Garden)
1990: Wendezeit (Mindwalk)
1991: Der Ochse (Oxen)
1992: The Long Shadow (A tékozló apa)
1992: Sophie, Liv Ullmann als Regisseurin
1994: Ein Traumspiel (Dromspel)
1995: Kristin Lavrans Tochter (Kristin Lavransdatter), Liv Ullmann als Regisseurin

2000: Die Treulosen (Trolösa), Liv Ullmann als
Regisseurin
2003: Sarabande (Saraband)
2006: The Danish Poet – Eine Liebesgeschichte (The
Danish Poet), Liv Ullmann als Erzählerin
2008: Durch einen Spiegel, in einem dunklen Wort
(I et speil en gate)
2012: Zwei Leben

Quelle: Wikipedia und Internet Movie Database

Auszeichnungen von Liv Ullmann

1968: National Board of Review Award als beste Hauptdarstellerin („Skammen" und „Vargtimmen")
1968: National Society of Film Critics Award als beste Hauptdarstellerin („Skammen")
1969: Guldbagge als beste Hauptdarstellerin („Skammen")
1973: Oscar-Nominierung als beste Hauptdarstellerin („Emigranten")
1973: Golden Globe als beste Hauptdarstellerin - Drama („Emigranten")
1973: National Board of Review Award als beste Hauptdarstellerin („Nybyggarna")
1973: New York Film Critics Circle Award als beste Hauptdarstellerin („Emigranten" und „Viskningar och rop")
1974: Bronze Wrangler der Western Heritage Awards („Nybyggarna")
1974: Spezialpreis des italienischen David di Donatello („Viskningar och rop")
1974: National Society of Film Critics Award als beste Hauptdarstellerin („Nybyggarna")

1974: New York Film Critics Circle Award als beste
Hauptdarstellerin („Szenen einer Ehe")
1975: David di Donatello als beste ausländische
Schauspielerin („Szenen einer Ehe")
1975: National Society of Film Critics Award als
beste Hauptdarstellerin („Szenen einer Ehe")
1976: Bambi
1976: Los Angeles Film Critics Association Award als
beste Hauptdarstellerin („Von Angesicht zu
Angesicht")
1976: National Board of Review Award als beste
Hauptdarstellerin („Von Angesicht zu Angesicht")
1977: Oscar-Nominierung als beste Hauptdarstellerin
(„Von Angesicht zu Angesicht")
1977: New York Film Critics Circle Award als beste
Hauptdarstellerin („Von Angesicht zu Angesicht")
1979: David di Donatello als beste ausländische
Schauspielerin („Herbstsonate")
1980: Pasinetti-Preis als beste Schauspielerin bei den
Filmfestspielen von Venedig („Richard's Things")
1985: Nocciolia d'Oro des Giffoni Film Festival
1987: David di Donatello als beste ausländische
Schauspielerin („Mosca addio")
1988: Beste Schauspielerin bei den Internationalen
Filmfestspiele von San Sebastián („La amiga")
1990: François-Truffaut-Preis des Giffoni Film
Festival
1991: Internationaler Preis der Women in Film
Crystal Awards

1992: Ehrenpreis des norwegischen
Amandautelingen-Preises
1992: Kinderfilmpreis der Nordischen Filminstitute
bei den Nordischen Filmtagen Lübeck („Sofie")
1992: Beliebtester Film beim Montréal World Film
Festival („Sofie")
1992: Preis der ökumenischen Jury beim Montréal
World Film Festival („Sofie")
1992: Großer Preis der Jury beim Montréal World
Film Festival („Sofie")
1995: Grand Prix Special des Amériques beim
Montréal World Film Festival für ihr Gesamtwerk
1997: Ehrenpreis der italienischen Premi
Internazionali Flaiano für ihr filmisches Lebenswerk
1997: FIPRESCI-Preis der Internationalen
Filmfestspiele von Valladoid („Enskilda samtal")
2000: Baltischer Filmpreis für einen Nordischen
Spielfilm bei den Nordischen Filmtagen Lübeck
(„Trolösa")
2000: Ökumenischer Filmpreis der Internationalen
Filmfestspiele von Norwegen („Trolösa")
2000: Sonderpreis der Internationalen Filmfestspiele
von Vlaanderen-Ghent („Trolösa")
2001: Career Achievement Award bei den
Liebesfilmfestspielen von Verona
2001: International Filmmaker Award der
Internationalen Filmfestspiele von Palm Springs
2001: Kritikerpreis der Internationalen Filmfestspiele
von Uruguay („Trolösa")

2002: DIVA Award
2003: Ehrenpreis der Internationalen Filmfestspiele
von Kopenhagen für ihr Lebenswerk
2004: Europäischer Filmpreis für ihre herausragende
europäische Leistung im internationalen Kino
2005: Spezialpreis der Internationalen Filmfestspiele
von Karlovy Vary für ihren herausragenden Beitrag
zum internationalen Kino
2007: Donostia Lifetime Achievement Award der
Internationalen Filmfestspiele von San Sebastián

Zitate von Liv Ullmann

Das Drama einer Ehe, das ist nicht die ganz große Erschütterung – das sind die vielen kleinen Irritationen, die sich summieren.

Der Kleiderschrank ist ein Möbelstück, in dem Frauen, die nichts anzuziehen haben, ihre Kleider aufbewahren.

Ich verstehe nicht, warum so viele Frauen darunter leiden, dass sie schon wieder ein Jahr älter geworden sind. Nicht mehr ein Jahr älter zu werden, das wäre eine Katastrophe.

Manches ist nur etwas für die Person, mit der ich zusammen bin. Meine Brüste sind nicht die einer Schauspielerin.

Warum denken die meisten Amerikaner, ich sei depressiv, nur weil ich in vielen Bergman-Filmen mitgewirkt habe.

Literatur

BERGMAN, Ingmar: Laterna magica. Mein Leben, Berlin 2003

DER SPIEGEL: 36 Jahre und ein bißchen weise, S. 199–202, Hamburg 1976

FEMBIO Frauen-Biographie-Forschung http://www.fembio.org

HAMBRO, Evard: Liv Ullmann – Szenen eines Lebens, München 2001

INTERNET MOVIE DATABASE (Film-Datenbank) http://www.imdb.com

PROBST, Ernst: Superfrauen 7 – Film und Theater, Mainz-Kostheim 2001

PROBST, Ernst: Königinnen des Films, München 2012

PUBLIKUMSLIEBLINGE NICHT NUR VON GESTERN http://www.steffi-line.de Internetseite von Stephanie D'heil, Düsseldorf

ULLMANN, Liv: Wandlungen, Bern, München, Wien 1976

ULLMANN, Liv: Gezeiten, Bern, München, Wien 1985

ULLMANN, Liv: Briefe an mein Enkelkind, München 1998

ULLMANN, Liv / BJORNSTAD, Ketil: Lebenswege, München 2006

WELLERSHOFF, Marianne: Literatur. Die Steine der Liebenden. Aus: Der Spiegel, S. 278–280, Hamburg 1999

WIKIPEDIA (Online-Lexikon)
http://wikipedia.org

WINNERT, Derek (Herausgeber): Liv Ullmann. Aus: Kino. Die große Welt der Filme und Stars, S. 169, Niedernhausen 1995

Bildquellen

Klaus Benz, Fotograf, Mainz-Laubenheim: 40

NASA http://science.nasa.gov/science-news/science-at-nasa/2002/30apr_thor. 18

Georges Biard/CC-BY-SA-3.0 (Foto von 2011 bei den Internationalen Filmfestspielen in Cannes): 20
(via WikimediaCommons), lizensiert unter
CreativeCommons-Lizenz by-sa-3.0-de
http://creativecommons.org/licenses/by-sa/3.0/legalcode
Holger Ellgaard/CC-BY-SA3.0 (Foto von 2008): 10 (via Wikimedia Commons), lizensiert unter
CreativeCommons-Lizenz by-sa-3.0-de
http://creativecommons.org/licenses/by-sa/3.0/legalcode
Rita Molnár/CC-BY-SA2.5 (Foto in Cannes 2000): 1
(via Wikimedia Commons), lizensiert unter
CreativeCommons-Lizenz by-sa-2.5-de
http://creativecommons.org/licenses/by-sa/2.5

Yank, the Army Weekly (Foto vom 16. März 1945): 14

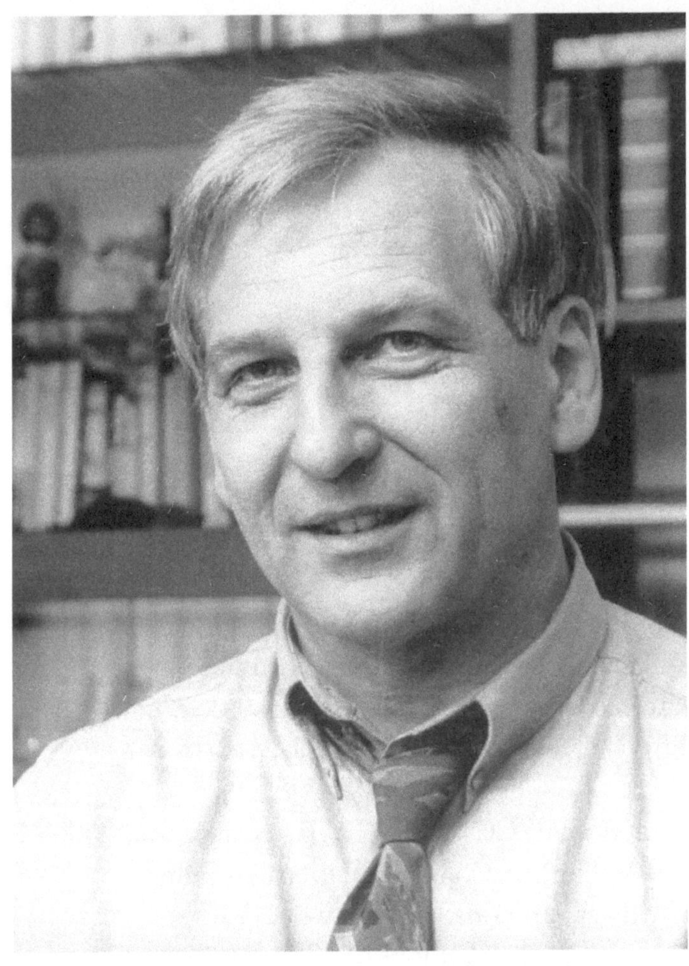

Autor Ernst Probst

Der Autor Ernst Probst

Ernst Probst, geboren am 20. Januar 1946 in Neunburg vorm Wald im bayerischen Regierungsbezirk Oberpfalz, ist Journalist und Wissenschaftsautor. Er arbeitete von 1968 bis 1971 als Redakteur bei den „Nürnberger Nachrichten", von 1971 bis 1973 in der Zentralredaktion des „Ring Nordbayerischer Tageszeitungen" in Bayreuth und von 1973 bis 2001 bei der „Allgemeinen Zeitung", Mainz. In seiner Freizeit schrieb er Artikel für die „Frankfurter Allgemeine Zeitung", „Süddeutsche Zeitung", „Die Welt", „Frankfurter Rundschau", „Neue Zürcher Zeitung", „Tages-Anzeiger", Zürich, „Salzburger Nachrichten", „Die Zeit", „Rheinischer Merkur", „Deutsches Allgemeines Sonntagsblatt", „bild der wissenschaft", „kosmos", „Deutsche Presse-Agentur" (dpa), „Associated Press" (AP) und den „Deutschen Forschungsdienst" (df). Aus seiner Feder stammen die Bücher „Deutschland in der Urzeit" (1986), „Deutschland in der Steinzeit" (1991) und „Deutschland in der Bronzezeit" (1996). Von 2001 bis 2006 betätigte sich Ernst Probst als Buchverleger sowie zeitweise als internationaler Fossilienhändler und Antiquitätenhändler. Insgesamt veröffentlichte er rund 200 Bücher, Taschenbücher, Broschüren und E-Books.

Bücher von Ernst Probst

(Auswahl)

Als Mainz noch nicht am Rhein lag

Annie Oakley
Die Meisterschützin des Wilden Westens

Archaeopteryx. Der Urvogel
aus Bayern

Christl-Marie Schultes. Die erste Fliegerin in Bayern
(zusammen mit Theo Lederer)

Cortés und Malinche. Der spanische Eroberer
und seine indianische Geliebte

Der Europäische Jaguar

Der Mosbacher Löwe
Die riesige Raubkatze aus Wiesbaden

Der Rhein-Elefant
Das Schreckenstier von Eppelsheim

Der Schwarze Peter
Ein Räuber im Hunsrück und Odenwald

Der Ur-Rhein
Rheinhessen vor zehn Millionen Jahren

Deutschland im Eiszeitalter

Deutschland in der Frühbronzezeit

Deutschland in der Mittelbronzezeit

Deutschland in der Spätbronzezeit

Die Aunjetitzer Kultur in Deutschland

Die Straubinger Kultur in Deutschland

Die Singener Gruppe

Die Arbon-Kultur in Deutschland

Die Ries-Gruppe und die Neckar-Gruppe

Die Adlerberg-Kultur

Der Sögel-Wohlde-Kreis

Die nordische Bronzezeit in Deutschland

Die Hügelgräber-Kultur in Deutschland

Die ältere Bronzezeit in Nordrhein-Westfalen

Die Bronzezeit in der Lüneburger Heide

Die Stader Gruppe

Die Oldenburg-emsländische Gruppe

Die Urnenfelder-Kultur in Deutschland

Die ältere Niederrheinische Grabhügel-Kultur

Die Unstrut-Gruppe

Die Helmsdorfer Gruppe

Die Saalemündungs-Gruppe

Die Lausitzer Kultur in Deutschland

Die Dolchzahnkatze Megantereon

Die Dolchzahnkatze Smilodon

Die Säbelzahnkatze Homotherium

Die Säbelzahnkatze Machairodus

Die Schweiz in der Frühbronzezeit

Die Rhône-Kultur in der Westschweiz

Die Arbon-Kultur in der Schweiz

Die Schweiz in der Mittelbronzezeit

Die Schweiz in der Spätbronzezeit

Dinosaurier von A bis K. Von Abelisaurus
bis zu Kritosaurus

Dinosaurier von L bis Z. Von Labocania
bis zu Zupaysaurus

Eiszeitliche Geparde in Deutschland

Eiszeitliche Leoparden in Deutschland

Frauen im Weltall

Hildegard von Bingen. Die deutsche Prophetin

Höhlenlöwen. Raubkatzen
im Eiszeitalter

Julchen Blasius
Die Räuberbraut des Schinderhannes

Katharina II. die Große.
Die Deutsche auf dem Zarenthron

Johann Jakob Kaup
Der große Naturforscher aus Darmstadt

Königinnen der Lüfte in Deutschland

Königinnen der Lüfte in Europa

Königinnen der Lüfte in Amerika

Königinnen der Lüfte von A bis Z

Rund 70 Kurzbiografien berühmter Fliegerinnen,
Ballonfahrerinnen, Luftschifferinnen,
Fallschirmspringerinnen, Astronautinnen und
Kosmonautinnen

Königinnen des Films

Königinnen des Tanzes

Königinnen des Theaters

Malende Superfrauen

Meine Worte sind wie die Sterne

Die Entstehung der Rede des Häuptlings Seattle
(zusammen mit Sonja Probst)

Monstern auf der Spur
Wie die Sagen über Drachen, Riesen
und Einhörner entstanden

Neues vom Ur-Rhein
Interview mit dem Geologen und Paläontologen
Dr. Jens Sommer

Österreich in der Frühbronzezeit

Österreich in der Mittelbronzezeit

Österreich in der Spätbronzezeit

Pompadour und Dubarry. Die Mätressen
von Louis XV.

Raub-Dinosaurier von A bis Z.
Mit Zeichnungen von Dmitry Bogdanav
und Nobu Tamura

Rekorde der Urmenschen
Erfindungen, Kunst und Religion

Rekorde der Urzeit
Landschaften, Pflanzen und Tiere

Säbelzahnkatzen. Von Machairodus
bis zu Smilodon

Säbelzahntiger am Ur-Rhein. Machairodus
und Paramachairodus

Superfrauen aus dem Wilden Westen

Superfrauen 1 – Geschichte

Superfrauen 2 – Religion

Superfrauen 3 – Politik

Superfrauen 4 – Wirtschaft und Verkehr

Superfrauen 5 – Wissenschaft

Superfrauen 6 – Medizin

Superfrauen 7 – Film und Theater

Superfrauen 8 – Literatur

Superfrauen 9 – Malerei und Fotografie

Superfrauen 10 – Musik und Tanz

Superfrauen 11 – Feminismus und Familie

Superfrauen 12 – Sport

Superfrauen 13 – Mode und Kosmetik

Superfrauen 14 – Medien und Astrologie

Tony und Bruno Werntgen. Zwei Leben für die Luftfahrt
(zusammen mit Paul Wirtz)

Was ist ein Menhir?
Interview mit dem Mainzer Archäologen
Dr. Detert Zylmann

Weisheiten der Indianer

Wer ist der kleinste Dinosaurier?
Interviews mit dem Wissenschaftsautor Ernst Probst

Wer war der Stammvater der Insekten?
Interview mit dem Stuttgarter Biologen
und Paläontologen Dr. Günther Bechly

Zenobia von Palmyra.
Eine Frau kämpft gegen die Römer

Bestellungen bei: http://www.grin.com